BEI GRIN MACHT SICH IHR WISSEN BEZAHLT

Selbstmanagement. Wie gelingt eine gute Präsentation?

Bibliografische Information der Deutschen Nationalbibliothek:

Die Deutsche Nationalbibliothek verzeichnet diese Publikation in der Deutschen Nationalbibliografie; detaillierte bibliografische Daten sind im Internet über http://dnb.d-nb.de abrufbar.

ISBN: 9783346400673
Dieses Buch ist auch als E-Book erhältlich.

© GRIN Publishing GmbH
Nymphenburger Straße 86
80636 München

Druck und Bindung: Books on Demand GmbH, Norderstedt Germany
Gedruckt auf säurefreiem Papier aus verantwortungsvollen Quellen

Das Buch bei GRIN: https://www.grin.com/document/1010700

Einsendepräsentation

Abgegeben am 16.06.2020

SRH Fernschule

Modul: Selbstmanagement

Studiengang: Wirtschaftspsychologie (B.Sc.)

2

Inhaltsverzeichnis

Abkürzungsverzeichnis

bzw.   beziehungsweise

ca.   circa

ggf.   gegebenenfalls

pt.   Punkte - Angabe der Schriftgröße (in PowerPoint)

S.   Seite

u.a.   unter anderem

z.B.   zum Beispiel

Abbildungsverzeichnis

Analyse der Zuhörer

Eine gute Präsentation orientiert sich am Publikum. Mit dem Analysieren von deren Wünschen, Bedürfnissen, Interessen, Erwartungen, Wissen und Werten wird sichergestellt, dass die Zuhörer weder unter- noch überfordert sind und sich „versanden" fühlen (Flume & Schmettkamp, 2015, S. 18; Thiele, 2000, S. 11, 14). Bei der Analyse der Zuhörer werden nicht nur demografische Aspekte wie das Alter, der Beruf und die Bildung, sondern auch psychografische und präsentationsspezifische Aspekte mit einbezogen. Dazu zählen unter anderem die Motivation, die Erwartung, die Einstellung und die Leistungsbereitschaft der Zuhörer. Bei der Analyse kann sehr systematisch vorgegangen werden, indem im ersten Schritt festgehalten wird, wer die Zuhörer (und ggf. die Auftraggeber) und somit die Zielgruppe sein werden. Die Wünsche und Erwartungen der Zuhörer lassen sich am besten durch direktes Fragen z.B. durch einen Fragebogen herausfinden (Wöss, 2004, S. 30, 31).

Im dargestellten Fall richtet sich der Vortrag „Präsentationstechniken als Erfolgsfaktor für die Karriere" an ca. 20 Personen des Vereins für "High Potentials". High Potentials sich Erfolgsträger, die unter anderem durch ihr herausragendes Leistungsniveau hervorstechen (Hockling, 2012). Dies muss der Vortragende Verstehen und sich damit auseinandersetzen, denn es ist davon auszugehen, dass es sich bei den Zuhörern um hoch engagierte und motivierte Teilnehmer handelt. Diese werden allerdings auch hohe Erwartungen mitbringen, unter anderem, weil sie sich durch das Erlernen von neuen Präsentationstechniken Aufstiegschancen erhoffen. Ein weiterer wichtiger Vorteil ist die Freiwilligkeit der Zuhörer, weil diese in der Regel toleranter und offener sind (Wöss, 2004, S. 29).

Ein weiterer Aspekt umfasst das Alter, dass zwischen 18 und 30 Jahren liegt, die unterschiedliche Berufserfahrung und die unterschiedlichen beruflichen Hintergründe. Durch diesen Parameter ist es möglich sich in die Rolle der Zielgruppe hineinzuversetzen um herauszufinden wie die Zuhörer am besten „abgeholt" werden können. Aufgrund des Altersunterschiedes kann davon ausgegangen werden das unterschiedliche Erwartungshaltung an den Vortrag vorliegen und daraus zwei (sich ähnelnde) Interessensgruppen entstehen. Ein Teil der Gruppe wird aus Berufseinsteigern bestehen, die einen eher breiteren Einstieg in das Feld der Präsentationstechniken erwarten. Wohingegen der andere Teil wahrscheinlich schon Erfahrungen mit Präsentationen hat und somit konkretere Erwartungen mitbringt. Dieser Personengruppe wird eher an den neuesten Erkenntnissen zu Präsentationstechniken und an Möglichkeit die eigene Überzeugungskraft zu steigern und zu erweitern interessiert sein. Dieses hineinversetzen ermöglicht ein formulieren von Zielen und somit in der Konsequenz ein festlegen des genauen Inhaltes, den Ablauf und die eingesetzten Medien um am Ende nicht am Anlass und den Zuhörern „vorbei zu präsentieren".

Zielsetzung und Kernbotschaft der Präsentation

Das Ziel der Präsentation ist es, die Teilnehmer mit Präsentationstechniken und dem wirkungsvollem und zielführendem Vortragen vertraut zu machen. Es soll eine Verbindung zwischen den Inhalten und einer professionellen Selbstdarstellung geschaffen werden mit der möglichen Steigerung des eigenen beruflichen Erfolges. Die Teilnehmer sollen erkennen, dass sie selbst und ihre eigene Arbeit (die sie in zukünftige Präsentationen investieren) der Schlüssel zum Erfolg ihrer Präsentation sind. In anderen Worten soll den Zuhörern einige Gründe nahegelegt werden sich tiefgreifender mit dem Thema vertraut zu machen.

Die Kernbotschaft für diese Präsentation lautet:

„Präsentationstechniken - eine Schlüsselkompetenz für Ihre zukünftige Karriere"

Konzept der Präsentation

Im Folgenden Konzept wird dargelegt wie die Präsentation aufbereitet und welche Präsentationstechniken zum Einsatz kommen. Wichtige Rahmenbedingungen und Darstellungsmöglichkeiten sollen genauso wie generelle Tipps für die Zuhörer dargelegt werden.

Aufgabenstellung

Die Präsentation soll den Zuhörern ein, auf Grund der Zeit, eingegrenztes Spektrum an Grund- und Vorkenntnisse mitgeben auf dem sie weiteres Wissen aufbauen können, damit diese in Zukunft bessere Präsentationen erstellen und halten können. Durch das mitgeben eines Handouts und während der Präsentation sollen die Zuhörer auf weiterführende Literatur, Seminare oder vertiefende Präsentationen aufmerksam gemacht werden. Es soll ein Verständnis für den Sinn des zielgerichteten Erlernens von Präsentationstechniken aufgezeigt werden. Generell hat jede Präsentation das Ziel, ein Publikum von einer bestimmten Sache zu überzeugen oder zu einer bestimmten Handlung zu motivieren (Thiel, 1996, S. 19). In diesem Fall soll das Publikum dazu motiviert werden sich näher mit dem Thema auseinanderzusetzten (Fey, 2017, S. 49). Daraus ergibt sich die Kernfrage: Mithilfe welcher Techniken und Methoden soll der Inhalt der Präsentation den High Potentials in der gegebenen Zeit von 20 Minuten übermittelt werden und was ist dabei die grundlegende Zielsetzung des Vortrages?

Zeitliche Planung und Gliederung der Präsentation

Es gibt für die Präsentation vom Verein „High Potentials" eine Zeitvorgabe von 20 Minuten. Dieser Zeitumfang ist für einen Vortrag, bei dem das Publikum passiv agiert, ideal (Flume & Schmettkamp, 2015, S. 31). Bei längeren Präsentationen ist ab der Hälfte der Zeit eine Pause sinnvoll und / oder die aktive Einbeziehung des Publikums (Plasa, 2017, S. 25).

Als zeitliche Einteilung und um ein erstes strukturelles Grundgerüst zu erhalten wird eine Methode nach Dr. Albert Thiele angewendet. Diese besagt das für die Einleitung ca. 15% der gesamten Präsentationszeit eingeplant werden sollte, für den Hauptteil etwa 75% und für den Schluss die verbleibenden 10% (Thiel,

2010, S. 85). Es stehen somit drei Minuten für die Begrüßung, fünfzehn Minuten für den Hauptteil und zwei Minuten für den Schluss und die Überleitung in die Diskussionsrunde zur Verfügung.

Das Grundgerüst einer jeden Präsentation sollte aus drei Teilen bestehen:

1. Der Einstieg: Umfasst den ersten Kontakt mit den Zuhörern und die Heranführung an das Thema.

2. Der Hauptteil: Den Zuhörern wird die Botschaft bzw. die Informationen auf verständliche Weise und mit Fakten und Beispielen untermauert präsentiert.

3. Das Finale: Abschießend werden die wichtigsten Punkte der Präsentation noch einmal zusammengefast und Handlungsempfehlungen gegeben. Zum Ende wird in die anschließende Diskussionsrunde übergeleitet (Lamprecht, 2017, S. 16).

Diese Gliederung erlaubt es auch einen „roten Faden" durch die Präsentation „zu ziehen". Diesem kann während der Präsentation gefolgt werden und verleiht einerseits dem Präsentator Sicherheit und zum anderen der Präsentation Struktur und bietet einen Leitfaden für die Zuhörer (Flume & Schmettkamp, 2015, S.26).

Medieneinsatz

Für die Präsentation stehen ein Laptop inklusive PowerPoint, ein Flipchart und ein Whiteboard zur Verfügung. Der richtige Medienmix kann die Zuhörer motivieren, Themen verständlicher näherbringen und generell die Attraktivität einer Präsentation steigern. Allerdings kann der Einsatz eines undurchdachten Medienmix sehr stark vom Inhalt der Präsentation ablenken (Flume & Schmettkamp, 2015, S, 180). Je nach Örtlichkeit, Thema, Präsentator und Zielgruppe, muss das geeignete Medium ausgewählt oder mehrere Medien gezielt miteinander kombiniert werden (Lamprecht, 2017. S. 23).

Auf dem Flipchart soll der Namen des Vortragenden, den Titel und eine grobe Gliederung ersichtlich sein, damit die Teilnehmer leicht folgen können, wissen was sie erwartet und bei den anschließenden Diskussionspunkten auf einzelne

„Hauptpunkte" zurückkommen können. Das Whiteboard eignet sich dafür Grafiken, Stichpunkte und ggf. Zwischenfragen zu notieren, es soll aber für diesen Vortrag nur als Backup dienen und falls nötig für die Diskussionsrunde zur Verfügung stehen.

Als Hauptmedium wird PowerPoint verwendet, einerseits weil es ein zeitgemäßes Medium ist, andererseits weil dieses sich sehr gut zum Veranschaulichen von Inhalten eignet. Bildliche Informationen werden besser und schneller aufgenommen, bringen Abwechslung und können helfen die Aufmerksamkeit des Zuhörers zu gewinnen und zu behalten (Becker, Ebert & Pastoors, 2018, S. 65).

Die PowerPoint Präsentation soll die Präsentation begleiten bzw. den visuellen Part übernehmen um wichtige Punkte hervorzuheben und bildreich zu verdeutlichen. Die Anzahl der Folien innerhalb einer Präsentation hängt von verschiedenen Faktoren ab. Für diese Präsentation und als Grundregel für die Zuhörer soll auf die 10-20-30-Regel von Guy Kawasaki zurückgegriffen werden. Diese besagt, dass bei der Verwendung von der Schriftgröße 30pt eine Anzahl von 10 Folien in 20 Minuten optimal sind. Pro Folie sollte eine Präsentationszeit von etwa 2 Minuten eingeplant werden, wobei sich für diesen Vortrag eine maximale Summe von 10 PowerPoint Folien ergibt (Becker, Ebert & Pastoors, 2018, S. 65). Der Einsatz einer Fernbedienung bindet den Sprecher nicht an den Laptop, sondern ermöglicht eine freie Bewegung und eine offenere Interaktion und Kommunikation mit den Zuhörern (Thiele, 2010, S. 94).

Organisatorische Rahmenbedingungen

Die Organisatorischen Rahmenbedingungen können einen Vortrag nicht unwesentlich beeinflussen, deswegen sollte den Zuhörern nahegelegt werden sich vor einem Vortrag Gedanken über diesen zu machen. Eine Grundsatzfrage lautet: Was unterstützt den Vortrag und was könnte ablenken? Einige der wichtigsten Fragen betreffen die Räumlichkeiten, menschliche Grundbedürfnisse und die Alternative, wenn die Technik versagt. Im Anschluss an den Vortrag ist eine Frage- und Diskussionsrunde geplant. Deswegen und aufgrund der Gruppengröße, wird der Raum in U-Form bestuhlt. Jeder Teilnehmer hat uneingeschränkte Sicht auf den Präsentator und in der anschließenden Frage- und Diskussionsrunde ist ein direkter Austausch erleichtert.

Wichtig ist auch zu bedenken das Sauerstoffmangel für schnelle Ermüdung sorgt, deswegen ist es ratsam vor der Präsentation einmal gut durchzulüften. Überheizte und dunkle Räume wirken sich ebenfalls negativ auf die Konzentrationsleistung aus. Zusätzlich sollte auch das Licht und ggf. die Sonneneinstrahlung überprüft werden. Sonneneinstrahlung kann blenden und das Erkennen von PowerPoint Präsentationen erschweren. Praktische Aspekte für die Teilnehmer wie Garderobe, die nächstgelegene Toilette oder Rauchermöglichkeiten sollten auch nicht außer Acht gelassen werden. (Fey, 2017, S. 138, 147). Auch die Stromzufuhr für den Laptop und ein Glass Wasser für den Redner und Schreibmittel für die Präsentationsteilnehmer können kleine aber entscheidende Unterschiede machen.

Einstieg in die Präsentation

Der erste Eindruck ist auch bei einem Vortrag entscheidend und so sollte direkt Interesse und Neugierde geweckt werden. Die Wissenschaft hat herausgefunden: „Man kann nicht nicht kommunizieren", somit erfolgt der erste Kontaktaufbau in dem Moment, in dem der Sprecher in das Blickfeld der Zuhörer tritt und beinhaltet Kleinigkeiten wie ein Lächeln und Blickkontakt (Watzlawick, 2016, S.15).

Der Einstieg kann mit einer rhetorischen Frage geschehen: „Wer von Ihnen möchte nicht durch das Erlernen von Präsentationstechniken eine Schlüsselkompetenz für seinen Beruf erhalten?". Bei den „High Potentials" kann davon ausgegangen werden das Sie innerlich zustimmen werden deswegen kann nach einer kurzen Pause auch direkt die Antwort geliefert werden: „Genau dies können Sie heute tun. Die Präsentationstechniken, die eine Schlüsselkompetenz für Ihre zukünftige Karriere sein können, erlernen sie heute in dieser Präsentation.". Die Antwort auf die rhetorische Frage ermöglicht auch einen flüssigen Übergang zur Kernbotschaft der Präsentation. Im Anschluss erfolgt die Begrüßung, eine kurze Vorstellung der Person, des Themas und dem Verlauf der Präsentation. Dies ermöglicht es das Publikum an das Thema heranzuführen und wissen zu lassen welchen Erkenntnissen und Nutzen sie aus aktivem Zuhören ziehen können.

Es gibt noch weitere Möglichkeiten die Einleitung interessanter zu gestalten und um Neugierde zu wecken: z.b. können Zitate oder ein Witz gewählt werden. Dies hängt jedoch stark vom Vortragenden ab, ein schlechter Witzeerzähler sollte sich hier nicht verbiegen und am Ende unglaubwürdig wirken. Außerdem sollte wieder die Zuhöreranalyse mit einbezogen werden. Deswegen wurde für diesen Vortrag der Einstieg mit einer rhetorischen Frage gewählt. Die High Potentials können direkt am Angang „mitdenken" und haben durch das Positive beantworten der Frage gleich ein kleines „ah-ha" Erlebnis und sind somit positiv auf den Vortrag gespannt (Fey, 2017, S. 32; Nöllke & Schmettkamp, 2016, S. 24).

Hauptteil der Präsentation

Im Hauptteil werden den Zuhörern die wichtigsten Aspekte einer erfolgreichen Präsentation mitgeben. Der erste Schritt für eine erfolgreiche Präsentation ist eine gute Vorbereitung, dies gibt dem Sprecher Sicherheit und ermöglicht ein zielgerichtetes und strukturiertes Vortragen. Es ist sehr wichtig das gesetzte Ziel bei der Präsentation im Auge zu behalten und sich selbst zu kontrollieren ob die einzelnen Bestandteile der Präsentation zum Ziel führen. Deswegen ist es immer hilfreich die Präsentation im Vorfeld probeweise zu halten, um die Zeit zu testen und Schwachstellen herauszufiltern (Fey, 2017, S. 138).

Durch das klare Festlegen einer Zielsetzung und einer Strukturierung entsteht ein „roter Faden" für die Präsentation. Dies erlaubt es den Vortragenden und den Zuhören Gedankengänge besser zu Folgen und zu verstehen. Das Prinzip der Pyramide von Barbara Minto und der „Ansatz von unten nach oben" kann helfen klar und strukturiert vorzugehen. Die Minto-Pyramide besagt das Präsentationen besser verständlich sind, wenn sie einer nachvollziehbaren Struktur folgen. Auf eine solide Basis werden Detailinformationen und Argumente aufgebaut, die von einer Kernaussage gekrönt werden (Minto, 2005, S. 20, 39).

Informationen, die für die Präsentation zusammengetragen werden sollten anhand der sogenannten ABC-Analyse sortiert werden. Brainstorming kann ein erster erfolgreicher Schritt sein um generell einen Anfang zu finden. Es handelt sich dabei um ein Verfahren zum Ideensammeln, indem zunächst jeder Einfall notiert wird. Die ABC-Analyse kategorisiert diese Ideen nach einer absteigenden Bedeutung. A würde somit jede Idee umfassen, die in dem Vortrag enthalten sein sollte, B die Ideen die evtl. mit einfließen und C jene die nicht in dem Vortrag kommen (Vollmuth, 2008, S. 18, 19). Die meisten Präsentationen enthalten drei bis fünf Informationsziele, diese können bei der Kategorisierung unterstützen (Flume & Schmettkamp, S. 22). Anhand dieser Kategorisierung können die Kernthemen der Präsentation und schließlich die Kernbotschaft herausgearbeitet werden. Diese sollte knackig, kernig und knusprig, wie ein Walnusskern sein (Arenberg, 2015, S. 58).

Qualitativer Inhalt sollte auch entsprechend formuliert werden, es sollte dabei eine klare und unkomplizierte Formulierung verwendet werden. Wissenschaftlich wurde bewiesen das Schreiben erlernbar ist. Die Psychologen Langer, Schulz von Thun und Tausch haben erforscht was verständliche Texte auszeichnet:

- Einfachheit: Kurze Klare Sätze mit 9 – 13 Wörter ohne Fremdwörter oder Fachbegriffe. Im Idealfall wird nur ein Gedanke pro Satz vermittelt. Außerdem sollte eine aktive Formulierung gewählt werden, damit die Sprache dynamisch und klar wird.
- Gliederung / Ordnung: Einer nachvollziehbaren Struktur unterliegen ein logischer Aufbau und eine klare Gliederung von Texten.
- Prägnanz: „Weniger ist mehr" - die Kernbotschaft ist das Zentrum und überflüssige Informationen sollten gestrichen werden.
- Anregung: Umfasst die rhetorischen Mittel zur Steigerung der Aufmerksamkeit und Motivation. Leser brauchen zum Verständnis u.a. Beispiele, Bilder oder Grafiken (Langer, Schulz von Thun & Tausch, 2011, S. 22, 24, 26, 27).

Anhand der Art der vorliegenden Informationen kann dann entschieden werden welche Medien eingesetzt werden sollen. Es sollte auch immer die Größe des Publikums und der zur Verfügung stehenden Raum bedacht werden.

Bei PowerPoint Präsentationen dürfen Folien nicht nur aus Textteilen bestehen, dies belegen Statistiken zur Informationsaufnahme und dem Behalten von Erlerntem. Ein Individuum behält ca. 10% vom gelesenen, 20% vom gehörten und ca. 30% vom gesehenen. Wird hören und sehen verbunden werden ca. 50% behalten, vom „selbst gesagten" erhält ein Individuum ca. 70% und beim „selbst tun" ca. 90% (Ischebeck, 2013, S. 137). Dies Zeigt die Wichtigkeit von Visualisierung und das durch das „selbst tun" auch präsentieren erlernbar ist und „Übung einen Meister macht" (Fey, 2017, S. 138).

Im Hauptteil werden die Inhalte dargestellt, die die Kernaussage untermauern. Dies sollte durch Beispiele, Argumente und Fakten geschehen. Diese können mit dem sogenannten Storytelling verbunden werden. Diese Technik eignet sich hervorragend um Erklärungen und Erfahrungen mit dem Erfolg vom Erlernen von Präsentationstechniken den Zuhörern näher zu bringen. Storytelling funktioniert sehr gut da das menschliche Gehirn unterbewusst ständig auf der Suche nach Erklärungen und neuen Erfahrungen ist. Storys bleiben besser in Erinnerungen als bloße Fakten und sprechen einen größeren Teil des Gehirnes an, vor allem Bereiche, die für Erleben und Erzählen eingesetzt werden. Das Erzählte wird dadurch erlebbar und somit besser behalten (Thier, 2006, S. 2, 4).

Die Kommunikation zwischen Menschen findet auf verschiedenen Ebenden statt: Die verbale Kommunikation umfasst alles tatsächlich Gesprochene, die paraverbale Kommunikation „wie" etwas gesagt wird, z.B. durch Betonung oder Rhythmus und die nonverbale Kommunikation durch Körpersprache (Gestik, Mimik und Körperhaltung). Wichtig ist immer zu bedenken das es unmöglich ist nicht zu kommunizieren. Die stärkste Kommunikation findet auf der nonverbalen Ebene statt und umfasst laut einer Studie des amerikanischen Psychologen Albert Mehrabian ca. 55% der gesamten Kommunikation. Die Paraverbale Kommunikation umfasst ca. 38% und nur 7 % des tatsächlich Gesagten sind dafür verantwortlich wie etwas beim anderen ankommt (Becker, Ebert & Pastoors, 2018, S. 63; Bruno, Adamczyk & Bilinski, 2016, S. 18). Ein weiterer wichtiger Aspekt ist auch das Kommunikation erst als wahr akzeptiert wird, wenn verbale Kommunikation mit der para- und nonverbalen Kommunikation übereinstimmt. Dies eignet sich auch um eine Präsentation anschaulicher zu gestalten. Die Teilnehmer können gebeten werden dies selbst im Alltag zu testen indem sie einen negativen Satz mit einer positiven Betonung üben. Dabei ist erstaunlicherweise zu beobachten das der Fokus des Gesprächspartners auf der positiven Betonung liegt (Birkenbihl, 2017, S. 165). Ca. 38% der Kommunikation übernimmt die Stimme, die Intonation und die Prosodie, sie sind somit ein wesentlicher Erfolgsfaktoren und beeinflusst maßgeblich den Erfolg eines jeden Vortrages. Bei der Sprechweise sind vor allem folgende Punkte zu beachten: Die Klarheit, Sprechgeschwindigkeit und die Intonation (Ascheron, 2007, S. 90). Bei einem Vortrag kann durch die Stimme Spannung aufgebaut und Pausen eingesetzt werden um Monotonie zu vermeiden. Pausen, die auf die Atmung zurückzuführen sind, sind hier nicht gemeint, vielmehr geht es um sogenannte Staupausen. Diese gewollte Unterbrechung und Stille muss geübt und gekonnt eingesetzt werden. Pausen während eines Vortrages sind wichtig, es ist einem geschulten Redner bewusst möglich sich das Publikum näher anzuschauen um ggf. sogar auf eine aktuelle Situation einzugehen und um die eigenen Gedanken zu sammeln. Den Zuhörern bieten diese Pausen die Möglichkeit das eben gesagte zu verarbeiten (Ascheron, 2007, S. 91). Es ist dabei auch zu bedenken das Schweigen andere beeinflussen kann und ebenfalls eine Art der Kommunikation darstellen.

Ein weiterer wichtiger Punkt beim Vortragen ist die Sprechgeschwindigkeit. Viele Menschen neigen dazu bei Nervosität schneller zu sprechen wobei sie sich verhaspeln und / oder nur schwer verständlich sind. Zu langsames Reden kann auf den Zuhörer einschläfernd und langweilig wirken. Durch das Aufzeichnen eines „Übungsvortrages" mithilfe eines Videos oder andere Medien lässt sich u.a. die eigene Sprechgeschwindigkeit analysieren und üben (Nöllke & Schmettkamp, 2016, S. 43, 44).

Auch die Stimmlage kann einen Einfluss auf die Präsentation haben. Eine hohe Stimme wird gerne mit Unsicherheit und Unwohlsein assoziiert währenden eine tiefe Stimme mit Wohlbefinden und Vertrauen in Verbindung gebracht wird (Brundo, Adamczyk & Bilinski, 2016, S. 43, 44). Es ist möglich die eigene Stimmlage durch Bauchatmungstechniken zu trainieren (Moraidis, 2009, S. 86, 87). Die Sprachwahl bzw. verschiedene Dialekte können ebenfalls zu Verständigungsproblemen führen. Ein Dialekt ist ein Teil der Persönlichkeit eines Sprechers und kann auch eine Verbindung zum Publikum schaffen, deswegen sollte ein Dialekt nicht zwangsläufig abgelegt werden. Es sollte aber darauf verzichtet werden zu sehr nach Mundart zu sprechen um sicherzustellen das das Publikum folgen kann (Flume & Schmettkamp, 2015, S. 96).

Um glaubwürdig zu wirken und um einen lebendigen Vortrag zu halten ist es wichtig frei zu sprechen und nicht zu viel abzulesen oder vorab gar auswendig zu lernen. Vorträge wirken sehr schnell steif und der Sprecher wirkt schnell nervös, wenn er Angst hat etwas zu vergessen. Als Gedankenstütze können kleine Karteikarten genutzt werden, allerdings bietet sich für diese Präsentation die Notizfunktion von PowerPoint an (Nöllke & Schmettkamp, 2016, S. 31 - 33).

Das Stimmvolumen muss zur Raumgröße passen, um bis in die letzte Reihe klar und verständlich zu verstehen zu sein. Für Zuhörer ist es ermüdend, wenn der Redner zu leise oder zu laut spricht. Wenn ein Mikrofon eingesetzt wird sollte der Vortragende sich vorab mit diesem vertraut machen.

Der Hauptteil der Kommunikation findet nonverbal statt was die die Mimik, Gestik und die Körperhaltung eines Individuums umfasst. Mimik beinhaltet u.a. das Lächeln, hochgezogene Augenbrauen oder das runzeln der Stirn. Die Gestik umfasst bewusstes oder unterbewusstes Verhalten z.B. beim unterstreichen von Worten durch Handzeichen. Die Körperhaltung bezieht sich darauf wie ein Individuum sitz oder sich bewegt, z.B. eine negative Körperhaltung wäre rastloses auf- und ablaufen (Nöllke & Schmettkamp, 2016, S. 45). Wenn die „High Potentials" verstehen welche Bedeutung der bewusste Einsatz der Körpersprache hat kann diese auch bewusst wahrgenommen und gezielt eingesetzt werden. Ist die Haltung aufrecht und entspannt mit einem aufmerksamen Blick und stimmt die Gestik noch mit dem gesprochenen Wort überein ist der Redner einen großen Schritt weiter um das Publikum zu überzeugen (Nöllke & Schmettkamp, 2016, S. 46). Deswegen ist es sehr wichtig sich über die eigene Außenwirkung Gedanken zu machen. Wenn der Sprecher selbst positiv von seiner Darstellung ausgeht wirkt sich diese positive Ausstrahlung auch positiv auf das Publikum aus, was wiederum die wahrgenommene Kompetenz steigert. Wahrgenommene Kompetenz ermöglicht es einem selbst die Macht zu verleihen Mitmenschen zu überzeugen, sie zu beeinflussen und zu führen. Die Situationale richtige Körperhaltung und Mimik ist erlernbar, dies sollte den Zuhörern nahegelegt werden (Brundo, Adamczyk & Bilinski, 2016, S. 22, 23).

Während der Präsentation sollte beim Sprechen auch darauf geachtet werden das dem Publikum nicht der Rücken zugedreht wird. Wendet sich der Redner während der Präsentation z.B. dem Whiteboard zu, sollte eine kurze Sprechpause eingelegt werden. Der Blickkontakt spiel eine wichtige Rolle und sollte mindestens 90% der Redezeit gehalten werden (Becker, Ebert & Pastoors, 2018, S. 64). In einigen Büchern wird empfohlen, den direkten Blickkontakt mit den Zuhörern zu vermeiden, um das eigene Lampenfieber zu reduzieren und stattdessen etwas Auffälliges zwischen den Zuschauern zu fokussieren. Dies muss trainiert werden denn fehlender Blickkontakten wird als Unterwürfigkeit interpretiert und gerade bei einer Präsentation soll Glaubwürdigkeit und Stand-festigkeit demonstriert werden.

Es gibt eine weitere Möglichkeit sich selbst mit etwas Sicherheit uns Selbstbe-wusstsein zu versorgen. Das alte Sprichwort: „Kleider machen Leute" ist aktuel-ler denn je. Die Kleiderwahl sollte zum Vortrag passen und der Redner sollte sich darin wohlfühlen. Zum Selbstverständnis sollte saubere und ordentliche Kleidung gehören. Bei Frauen sollten auch das Make-up und die Schmuckwahl beachtet werden, um seriös zu wirken. Auch auf penetrantes Parfum oder Af-tershave sollte verzichtet werden, hier sollte die Regel „weniger ist mehr" gelten (Nöllke & Schmettkamp, 2016, S. 48).

Das Finale der Präsentation

Im Finale der Präsentation wird das Ergebnis zusammengefasst und die Kern-aussage wiederholt, dies ermöglicht es durch den Bogenschluss zum Anfang, den Vortrag abzurunden (Flume & Schmettkamp, 2015, S. 33). Nach der Zu-sammenfassung erfolgt die Überleitung zur Diskussionsrunde in dem offenen Fragen geklärt werden können. Auch ein selbstbewusster Dank an die auf-merksamen Zuhörer sollte nicht fehlen. Es ist möglich nach der Diskussions-runde noch einen Schlusssatz auszusprechen und ein Handout für die Zu-schauer auszuteilen. Ein Handout ermöglicht es den Zuhörern im Nachgang alles noch einmal zu reflektieren, Inhalte ergänzend nachzulesen oder später auftretende Unklarheiten zu beseitigen. Außerdem kann ein Handout auch ein guter „Werbeflyer" für den Vortragenden sein.

PowerPoint-Folie

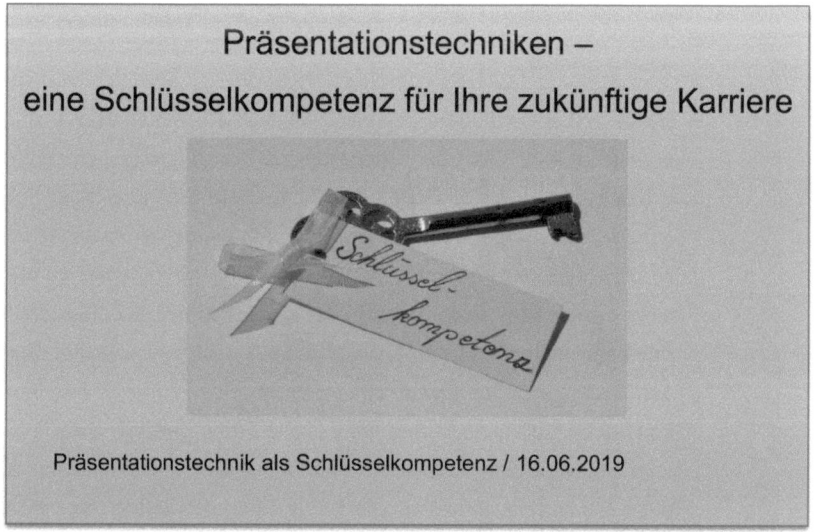

Abbildung 1: Beispielfolie „Titelfolie und Kernbotschaft der Präsentation"

(Quelle: Eigene Darstellung)

Es handelt sich hierbei um die Titelfolie der Präsentation. Beim Gestalten der Titelfolie wurde der Text nicht in den Vordergrund gestellt, sondern die grafische Darstellung um das Thema visuell zu Unterstützen (Flume & Schmettkamp, 2015, S. 29, 74). Die Titelfolie soll eine klare Botschaft vermitteln, die die Zuhörer neugierig macht. Eine klare, markante Botschaft sollte plakativ, gut merkbar und einleuchten sein (Flume, 2008, S. 84).

Bei der Gestaltung von Power-Point Folien sind verschiedene Punkte zu beachten: Eine Grundregel für Folien lautet: „Gestalten Sie plakativ!" (Flume, 2008, S. 84). Die Aufmachung einer PowerPoint Präsentation kann entscheidend zum Erfolg beitragen. Der sogenannte Folienmaster hilft ein durchgehend einheitliches Layout der Folien zu gewährleisten. Diese einheitliche Gestaltung in Hinsicht auf Farben, Schriftart, Text und Größen ermöglicht eine durchgehende Identifizierung des Lesers. Die Auswahl der Schriftart sollte nach deren Lesbarkeit erfolgen, Zierschriften sollten nur bei wirklich passenden Themen verwendet werden. Am besten eigen sich Schriftarten wie Arial oder Verdana. Die

Schriftgröße bei Überschriften sollte zwischen 60 und 120pt liegen, bei Fließtext zwischen 20 und 28pt (Flume, 2008, S. 92). Generell ist es immer sinnvoll die PowerPoint Präsentation vorab einmal „live" zu sehen um evtl. Unleserlichkeit auszuschließen.

Bunte Folien werden als freundlich empfunden, wirken aber auch schnell unübersichtlich, kindisch und Seriosität und Kompetenz gehen verloren. Bei der Präsentation für die High Potentials sind drei Farben bei einer Folie mehr als genug, diese Farbenwahl sollten sich durch die ganze Präsentation ziehen um einen einheitlichen Stil hervorzurufen. Die Hintergrundfarben von Folien haben nicht nur einen Einfluss auf die Lesbarkeit, sondern auch auf den ersten Eindruck der Folie. Das Thema der Farbenwahl ist sehr komplex da die Wirkung der Farbe auf ein Individuum von vielen Aspekten abhängt. Für diese Präsentation wurde gelb, eine warme, freundliche Farbe gewählt. Diese soll das Publikum direkt auf den Nutzen der Präsentation aufmerksam machen: Den Erwerb einer Schlüsselqualifikation. Die Farbe Blau als Hintergrund soll noch einmal das gelb hervorheben. Wie die Sonne auf blauen Himmel soll beides freundlich und einladend wirken. Um zu verdeutlichen wie schwierig die Wahl der richtigen Farbe sein kann: In Russland steht gelb für „Unglück" (Gutheim, 2008, S. 68, 69).

Firmenelemente wie Logos oder auch Seitenzahlen sollten sich immer an gleicher Stelle befinden. Generell gilt bei Präsentationen im Firmenumfeld die Corporate Identity um das Wiedererkennen zu beeinflussen (Flume & Schmettkamp, 2015, S. 79). Animationen in Präsentationen sind mit Bedacht zu wählen, sie können schnell vom Wesentlichen ablenken und ihr Ziel verfehlen, dass gleiche gilt für zu viel Text. Ein Vorteil hingegen ist das Tabellen, Diagramme, Bilder und sogar kurze Videos zum Verdeutlichen von Sachverhalten gezeigt werden können.

Für diese Folie wurde daher ein Foto gewählt: Der Schlüssel symbolisiert das Aufschließen einer neuen Tür, diese kann wiederum der nächste Schritt für den beruflichen Erfolg darstellen. Die Schlüsselkompetenz ist der Weg, der diesen Erfolg mitbegleitet und dem Zuhörer näherbringen kann. Zusätzlich wurde die Kernbotschaft „Präsentationstechniken - eine Schlüsselkompetenz für Ihre zukünftige Karriere" in Textform dargestellt um das Bild kurz und knapp zu erklären. Als Merksatz für die Zuhörer kann folgendes mitgegeben werden: Eine PowerPoint kann als visuelle Unterstützung dienen, kann aber niemals einen guten Präsentator ersetzten (Flume & Schmettkamp, 2015, S. 179).

Erfolg und Bewertung der Präsentation

Der Erfolg einer Präsentation beginnt mit der Vorbereitung. Die fachliche Kompetenz des Redners ist das Fundament, die Erfahrung mit Präsentationen und das Üben die goldene Spitze. Einen guten Redner zeichnet Glaubwürdigkeit und Authentizität aus, beides muss allerding von einer Portion Sicherheit und Mut unterstrichen werden.

Im Zuge der Präsentationsnachbearbeitung muss die ganze Präsentation reflektiert werden. Nach Dall gibt es sieben Faktoren für eine Erfolgreiche Präsentation: Die Zielgruppe, die Struktur, die Dramaturgie, Visualisierung, das Design, der Auftritt und die Interaktion (Dall, 2018). Es ist möglich jeden einzelnen Faktor zu bewerten und herauszuarbeiten wo es Schwierigkeiten gab und wodurch diese entstanden sind.

Der Sprecher sollte sich fragen, wie er sich selbst fühlte und wo er Unsicherheit verspürte. Noch fehlende Kompetenzen können evtl. durch gezieltes Training erweitert werden. Nur eine ehrliche Reflektion sich selbst gegenüber ermöglicht es sich auch dem Feedback der Zuhörer zu stellen und daraus einen Gewinn zu erzielen. Im Wesentlichen lassen sich sechs „Präsentationssünden" festlegen um die Frage beantworten ob eine dieser begangen wurde:

- Keine klaren Ziele
- Kein Nutzen für die Zuhörer
- Keine Logik und kein roter Faden
- Zu viele Informationen
- Zu lang
- Vierwirrendes visuelles Material (Dall, 2018)

Idealerweise wurden alle Präsentationstechniken, die den Teilnehmern der Präsentation vorgestellt werden, selbst überzeugend angewendet. Besonderes Augenmerk sollte darauf auf die verschiedenen Kommunikationswege gelegt werden. Ein wichtiger Erfolgsindikator ist die Erfüllung der Erwartungen des Publikums. Je nach Zeit ist es evtl. möglich das Feedback direkt nach der Präsentation mündlich zu erhalten oder es werden Bewertungsbögen eingesetzt. Diese könnten direkt nach der Präsentation oder im Anschluss per E-Mail Link verteilt werden. Dieser eignet sich auch dafür herauszufinden ob die Kernbotschaft richtig verstanden wurde oder ob die Präsentation nochmals überarbeitet werden muss. Wichtig ist immer zu bedenken: Auch ein negatives Feedback, richtig gewertet, kann wiederrum hilfreich sein.

Lernerkenntnisse

Die ersten Präsentationen und Vorträge habe ich während meiner Ausbildung und im nachfolgenden Präsenzstudium gehalten. Mein damaliger Ansatz war immer schon „Übung macht den Meister" und ich habe die Präsentationen immer wieder vor dem Spiegel geübt. Ich habe mich allerdings noch nie direkt mit Kommunikations-, Stimm- und Körpersprachentraining auseinandergesetzt. Jetzt habe ich einige interessante Bücher gelesen und habe noch einige mehr auf meiner Leseliste.

Das Thema, das es unmöglich ist, nicht nicht zu kommunizieren wurde mir ebenfalls durch diese Hausarbeit wieder nahegelegt. Ich gehöre zu den Menschen die gerne „mit den Händen reden" und sehr schnell sprechen, dies kann hektisch wirken, was mir wieder bewusst geworden ist und in Zukunft kann ich wieder bewusster an meiner Körpersprache und Gestik arbeiten. Generell ist mir das Sprechen vor größeren Gruppen nie schwergefallen trotzdem oder gerade deswegen sind mir beim Erstellen dieser Ausarbeitung einige meiner Defizite in Bezug auf meine Präsentationskenntnisse aufgefallen. Ich hatte mir bisher nie ein klar formuliertes Ziel gesetzt was die Beurteilung meiner Präsentationen erschwert hatte. Auch bin ich bisher immer mit einer anderen Vorgehensweise an die Erstellung meiner Präsentationen herangegangen. Im Normalfall habe ich direkt mit dem erstellen der Folien begonnen, ohne vorab erstmal alle Informationen zu sammeln. Zuhöreranalysen hatte ich bisher auch nicht angefertigt, da während Ausbildung und Universitätszeit doch etwas das Motto: „Die müssen ja ohnehin zuhören" gegolten hat.

Ich bin aufgrund der weiten Verbreitung von PowerPoint immer auf diese Präsentationsart zurückgekommen, habe aber in der Literatur einige interessante Alternativen entdeckt, die ich gerne näher betrachten und nach Möglichkeit im Berufsleben einsetzen würde. Das Modul und die Beschäftigung mit der Literatur für diese Hausarbeit haben mir einen ganz neuen Horizont eröffnet. Ich habe neben neuen Betrachtungsweisen auch interessante Erklärungen für bekannte Probleme erhalten, einige wertvolle Tipps mitgenommen und die ganze Sache einmal wissenschaftlich betrachtet.

Literaturverzeichnis

Arenberg, P. (2015). *Kreativitäts- und Präsentationstechniken*. 4. Auflage. Studienbrief der SRH Fernhochschule: Riedlingen.

Ascheron, C. (2007). *Die Kunst des wissenschaftlichen Präsentierens und Publizierens*. München: Spektrum Verlag.

Becker, J. H., Ebert H., Pastoors, S. (2018). *Praxishandbuch berufliche Schlüsselkompetenzen*. Berlin: Springer Verlag.

Birkenbihl, V. F. (2017). *Signale des Körpers. Körpersprache verstehen*, 26. Auflage. München: mvg Verlag.

Bruno, T., Adamczyk, G., Bilinski, W. (2016). *Körpersprache und Rhetorik*. 3. Auflage. Freiburg: Haufe.

Fey, G. (2017). *Sicher und überzeugend präsentieren: Motivieren – Strukturieren – Aktivieren. Präsentation, Kurzvortrag, Referat*. 1. Auflage. Regensburg: Walhalla Fachverlag.

Flume, P. (2008). *Mitreißend präsentieren mit PowerPoint*. 2. Auflage. Erlangen: Publicis Publishing.

Flume P. & Schmettkamp M. (2015). *Präsentieren*. Freiburg: Haufe.

Gutheim, P. (2008) *Der Webdesign – Praxisguide. Professionelle Konzeption von der Planung bis zur Promotion*. Berlin/Heidelberg: Springer Verlag.

Ischebeck, K. (2013). *Erfolgreiche Konzepte: Eine Praxisanleitung in 6 Schritten*. 1. Auflage. Offenbach: Gabal Verlag.

Lamprecht, C. P. (2017). *Digitale Welt für Einsteiger: PowerPoint und Prezi Sehr gut präsentieren*. 1. Auflage. Berlin: Stiftung Wartentest.

Langer, I., Schulz von Thun, F., Tausch, R. (2011). *Sich verständlich ausdrücken*. München: Reinhardt.

Minto, B. (2005). *Das Prinzip der Pyramide*. München: Pearson.

Moraidis, B. (2009). *Vorhang auf – für mich! Persönlichkeitstraining mit Schauspieltechniken für Beruf und Karriere*. 1. Auflage. Berlin: Cornelsen.

Nöllke, C., Schmettkamp, M. (2016). *Präsentieren*. 3. Auflage. Freiburg: Haufe.

Plasa, H. (2017). *PowerPoint 2016. Tipps & Tricks für gelungene Präsentationen*. 1. Auflage. Burgthann: Markt + Technik Verlag.

Thiele, A. (1996). *Professionelle Verkaufspräsentation Strategien und Techniken für den überzeugenden Auftritt beim Kunden*. Wiesbaden: Gabler Verlag.

Thiele, A. (2000). *Überzeugend präsentieren*. 2. Auflage. Berlin/Heidelberg: Springer-Verlag.

Thiele, A. (2010). *Wie Manager überzeugen. Ein Coaching für Ihre externe Kommunikation*. 2. Auflage. Frankfurt am Main: Frankfurter Allgemeine Buch.

Thier, T. (2006). *Storytelling – Eine narrative Managementmethode*. Heidelberg: Springer Verlag.

Vollmuth, H. J. (2008). *Controlling – Instrumente von A-Z*. München: Haufe Verlag.

Watzlawick, P. (2016). *Man kann nicht nicht kommunizieren - Das Lesebuch*. Bern: Hogrefe Verlag.

Wöss, F. (2004). *Der souveräne Vortrag. Informieren – überzeugen – Begeistern*. Wien: Linde Verlag.

Internetquellen

Dall, M. (2018). *Sicher präsentieren - wirksamer vortragen*. Redline Verlag. München. Zugriff am 19.05.2019. Verfügbar unter https://books.google.de/books?id=pTcqAwAAQBAJ&printsec=frontcover &dq=Sicher+pr%C3%A4sentieren+- +wirksamer+vortragen,&hl=de&sa=X&ved=0ahUKEwi93-SDz- niAhVOmIsKHcYt- BIoQ6AEILDAB#v=onepage&q=Sicher%20pr%C3%A4sentieren%20- %20wirksamer%20vortragen%2C&f=false

Hockling, Sabine (2012) *Die Besten unter den Besten*. Zugriff am 20.05.2019. Verfügbar unter https://www.zeit.de/karriere/beruf/2012-01/high- potentials-leistungstraeger